Comprendre Rousseau

Marie-Pierre Frondziak – Laura Acquaviva

Comprendre Rousseau

COMPRENDRE/ESSAI GRAPHIQUE

Toutes les citations sont extraites des *Œuvres complètes* de Rousseau dans la collection La Pléiade :

Discours sur les sciences et les arts (1ᵉʳ Discours), Discours sur l'origine et les fondements de l'inégalité parmi les hommes (2ᵈ Discours), Du contrat social (CS) dans le tome III, et *Émile ou De l'éducation* (E) dans le tome IV.

Introduction : Rousseau, un penseur révolutionnaire

Rousseau a souvent été un auteur décrié. Parfois même, encore aujourd'hui, il n'est pas reconnu comme philosophe par ses pairs. Sans doute cette ostracisation s'explique-t-elle non seulement par la personnalité très particulière de Rousseau, mais aussi par le caractère souvent intempestif de son œuvre. Rousseau a touché à tout : la musique, la littérature, le théâtre, la botanique... Aussi n'apparaît-il pas d'emblée comme un penseur sérieux, d'autant moins qu'il était d'une sensibilité exacerbée et se brouillait avec tous les savants reconnus de son époque. Peut-être faut-il bien reconnaître ici sa profonde paranoïa, qui peut néanmoins en partie s'expliquer par le sort qui a souvent été réservé à ses œuvres. De plus, il a eu l'outrecuidance d'aller à contre-courant de son temps : il est un des rares penseurs de son siècle à s'être opposé à l'idée de progrès, idée phare du siècle des Lumières. Pourtant, non seulement Rousseau a marqué son temps, mais il continue de marquer le nôtre, et cela à plusieurs niveaux. On sait que les révolutionnaires français se sont beaucoup inspirés de son *Contrat social*, mais peut-être connaît-on moins ses réflexions à propos des conséquences du progrès des sciences et des techniques. Certains, comme Yves Vargas, y voient même l'analyse anticipée des répercussions du capitalisme. De même, sa théorie du langage et des langues anticipe ce que sera la philosophie du langage au XXe siècle. Enfin, ce qu'il nous dit de l'éducation n'a rien à envier aux pédagogues et autres chantres des sciences de l'éducation qui nous envahissent aujourd'hui. Rousseau est réellement un précurseur dans de nombreux domaines, et c'est à cela que l'on reconnaît les grands philosophes. C'est le penseur de notre époque et sa philosophie rigoureusement construite demande encore à être comprise et méditée.

1. Une personnalité fantasque, et pourtant si profonde

Rousseau est né à Genève en 1712. Il a été élevé par son père, horloger, sa mère étant décédée en le mettant au monde : « Je naquis infirme et malade. Je coûtai la vie à ma mère, et ma naissance fut le premier de mes malheurs. » (*Les Confessions*, L. I.) Cette citation met d'emblée en évidence la manière dont Rousseau va se considérer lui-même et considérer son existence. Il la commence en « tuant » sa mère, laquelle formait avec son père un couple très épris. Son père n'a jamais reproché à Rousseau sa venue au monde, il s'est même montré tendre, mais Rousseau en a toujours gardé une forte culpabilité qui a profondément marqué sa personnalité, et qui peut en partie expliquer son sentiment d'avoir toujours été étranger. En effet, Rousseau s'est toujours ressenti comme un être à part, comme autre, vivant et pensant des choses différentes et ayant des choses différentes à dire.

Aussi, Rousseau a passé son temps à justifier son existence, et d'abord à ses propres yeux. C'est sans doute pour cela que celle-ci a été mouvementée et instable.

À Genève, à l'âge de 12 ans, il a appris son premier métier : graveur. En 1728, parce qu'il rentre tardivement et trouve les portes de la ville fermées, mais surtout parce que son maître d'apprentissage le terrorise, il quitte sa ville natale pour la Savoie où il va rencontrer madame de Warens, de treize ans son aînée. Celle-ci va à la fois l'éduquer sentimentalement et lui servir de mère de substitution, au point qu'il l'appelait « maman ». Ils vivront épisodiquement ensemble une douzaine d'années. Il s'intéresse alors beaucoup à la musique et veut en faire sa profession. Il sera maître de musique quelque temps et inventera même un nouveau système de notation musicale sans portée, qu'il présentera à l'Académie des sciences de Paris en 1742, mais qui ne connut pas de succès. Son existence est assez oisive, sans réelle direction. Il sera précepteur à Lyon durant un an (1741), puis

secrétaire de l'ambassadeur de France à Venise durant une autre année seulement (1743) : son arrogance et sa prétention le rendant insupportable, il sera renvoyé. Rousseau n'a jamais vraiment su comment se comporter. À la fois d'origine modeste et infatué, il n'est jamais à sa place, place qu'il n'aura de cesse de chercher. En 1744, il revient à Paris et se met en ménage avec Thérèse Levasseur, jeune lingère avec laquelle il aura cinq enfants, tous abandonnés à l'Assistance publique, ce que ne manquera pas de lui reprocher, entre autres, Voltaire (1694-1778) à la parution d'*Émile ou De l'éducation*. Il épouse Thérèse en 1768 et restera avec elle jusqu'à sa mort. Pour justifier, ou au moins expliquer l'abandon de ses enfants, il écrira dans *Les Confessions* qu'il souhaitait les protéger de sa belle-famille, qu'il considérait comme néfaste car peu éduquée. Il arguera aussi du fait qu'il voulait se conduire en bon citoyen et confier ses enfants à l'éducation publique, suivant en cela le modèle d'éducation de *La République* de Platon ! Peut-être tout simplement se sentait-il incapable d'élever correctement des enfants et d'en assumer la responsabilité, ayant justement une certaine idée, même une haute idée, de ce que devrait être l'éducation, comme il nous en fera part dans l'*Émile*.

De 1745 à 1751, Rousseau gagna sa vie en étant à nouveau secrétaire, puis précepteur, tout en écrivant de petites pièces qui ne lui donnèrent pas de notoriété. Mais dès 1749, la politique va éveiller son intérêt et il commencera une réflexion qui aboutira à la rédaction, quelques années plus tard, du *Contrat social*.

Rousseau a fréquenté des gens reconnus, comme Condillac, Diderot, Hume, mais avec lesquels il a fini par se brouiller, se sentant au fond finalement toujours incompris. Ce sentiment d'être inadapté le fera paraître comme une personne fantasque, toujours un peu décalée dans ses rapports sociaux et mondains, semblant agir et penser toujours de manière intempestive. Cette attitude « inappropriée » lui vaudra moqueries et hostilité, lesquelles nourriront son sentiment d'être persécuté, d'être victime d'un complot et qui donneront lieu à une véritable paranoïa, renforcée par sa difficulté à faire reconnaître ses œuvres. Cependant, on peut considérer que Rousseau n'est pas seulement une victime incomprise ; il est lui-même tiraillé entre deux genres de vie : il veut la reconnaissance des grands, des mondains, tout en détestant et en dénonçant l'hypocrisie des apparences. Il vit conflictuellement l'opposition entre l'être et le paraître. À la civilisation, qu'il considère comme une dénaturation et une perversion de l'homme, il oppose la nature conçue comme bonne et saine. Sans relâche, il critiquera l'altération de l'homme du fait de sa vie sociale. Plus encore, il ira à contre-courant de la pensée dominante de son époque, celle des Lumières, et de sa croyance indéfectible en l'idée de progrès. D'ailleurs, pour Rousseau, ce n'est pas l'entendement, ou la raison, qui est la faculté intellectuelle de premier plan, mais c'est la liberté. Il est ainsi un intrus, un ennemi, qui plus est un citoyen (de Genève), alors que ses détracteurs ne sont encore que des sujets. En effet, les Français sont à cette époque encore sous le joug de la monarchie absolue et Genève est une république. Dès lors, on peut comprendre que cette outrecuidance ait pu susciter tant d'inimitiés…

La première de ses œuvres à pourtant connaître une certaine notoriété fut le *Discours sur les sciences et les arts*, réponse au concours de l'Académie de

Dijon de 1750 qui avait posé cette question : « Le progrès des sciences et des arts a-t-il contribué à corrompre ou à épurer les mœurs ? », et pour laquelle il fut lauréat. Le siècle des Lumières faisait montre d'une profonde confiance en l'idée de progrès qui devait permettre l'amélioration aussi bien de la vie matérielle de l'homme que de son comportement moral. Or, dans cet ouvrage, Rousseau va affirmer que le progrès, lié à la vie sociale, au lieu de rendre meilleurs l'homme et sa vie, les pervertit. Par la facilité et le luxe qu'autorisent les sciences et les arts, les hommes se « ramollissent », se préoccupent de futilités et oublient leur servitude, qui n'en est alors que plus grande et dont profitent les tyrans. À cette frivolité décadente, il oppose l'être naturel et viril qu'était l'homme dans des conditions moins favorables, mais plus humanisantes. Aussi les arts et les sciences n'épurent-ils pas les mœurs, mais bien au contraire les corrompent et éloignent les hommes de la vertu, si l'on considère que cette dernière consiste à élever l'homme à l'humanité. Cet ouvrage a suscité de nombreuses réactions, positives et négatives, et a fortement contribué à faire connaître son auteur.

En 1752, sa pièce *Le Devin du village* est jouée devant Louis XV et remporte un vif succès. Mais toujours partagé entre son besoin de reconnaissance et son refus de la courtisanerie, il renoncera à être présenté au roi, ce qui aurait pu lui valoir une pension. Farouchement attaché à son indépendance, Rousseau continue à vivre de sa fonction de copiste de partitions musicales (il fait des transcriptions) à laquelle il s'adonne depuis 1750.

En 1754, l'Académie de Dijon propose au concours la question : « Quelle est la source de l'inégalité parmi les hommes, et si elle est autorisée par la loi naturelle ? » Rousseau va y répondre, non pour tenter de gagner, puisque délibérément son ouvrage dépassera le format exigé, mais pour saisir l'occasion d'exprimer sa pensée politique. À partir d'une enquête anthropologique, objet de la première partie, il va montrer qu'il existe très peu d'inégalités naturelles, mais que c'est le passage à la société qui crée ces inégalités. C'est l'histoire de l'homme et son entrée dans la culture qui vont instaurer les privilèges, faire émerger les riches et les pauvres, les dominants et les dominés. Dans la seconde partie du

Société

Discours sur l'origine et les fondements de l'inégalité parmi les hommes, Rousseau va donc interroger la légitimité des inégalités sociales pour montrer que les sociétés actuelles sont héritières d'un marché de dupes qu'il appartient au philosophe de dénoncer. Il s'agit de montrer que l'ordre social n'est pas sacré, qu'il a été mis en place par les hommes et qu'il peut donc être transformé. La fin du *Discours* annonce les thèses du *Contrat social*, à savoir que l'homme devenu conscient de soi pourra se libérer de son asservissement ancestral. Le *Discours sur l'origine et les fondements de l'inégalité parmi les hommes* paraîtra en 1755. Il fera l'objet de controverses, sera parfois mal compris et ridiculisé, à l'instar de Voltaire qui aurait dit : « Il prend une envie de marcher à quatre pattes quand on lit votre ouvrage. »

Dans *Du contrat social*, publié en 1762, Rousseau va énoncer sa théorie politique. En fait, il va élaborer un traité de droit politique dans le dessein de déterminer les lois qui doivent régir le fonctionnement de l'État, lequel doit avoir pour finalité d'assurer la sécurité de ses citoyens tout en préservant leur liberté. Le problème posé consiste à analyser les raisons pour lesquelles les citoyens d'un État doivent obéir aux lois, autrement dit à se demander quels sont les fondements légitimes de l'autorité politique. Pour Rousseau, qui défend l'idée de république, de la chose publique qui appartient à tous, le régime idéal est la démocratie, car ce régime consiste en un contrat entre les individus par lequel le peuple se fait peuple. Pour vivre dignement, il faut obéir à des lois que le peuple se prescrit à lui-même, et non être soumis à des maîtres. Quand *le Contrat social* fut publié, il rencontra peu de succès. Il fut véritablement révélé au moment de la Révolution française, et fut notamment important pour les Montagnards, dont Robespierre, qui l'appelèrent « l'évangile des patriotes ». On a pu reprocher à Rousseau, de manière posthume, la Terreur, puisqu'il dit dans le *Contrat social* qu'il faut « forcer » les hommes à être libres. Néanmoins, il nous faut rappeler que, pour Rousseau, l'autorité ne se trouve pas inconditionnellement dans le peuple ou le pouvoir politique, mais dans la conscience éclairée par la raison, c'est-à-dire dans des citoyens éduqués capables de suivre la volonté générale.

C'est dans l'un de ses derniers grands ouvrages philosophiques (1762) que Rousseau va donc s'attaquer au problème de l'éducation. « Dans l'ordre naturel, les hommes étant tous égaux, leur vocation commune est l'état d'homme. » (*E*, p. 251.) Tous les hommes sont donc égaux de naissance et ne peuvent le demeurer qu'à condition de recevoir tous une éducation identique. L'inégalité émerge lorsqu'il y a une différence de traitement entre les hommes. Quelle actualité, une fois de plus, de Rousseau, aujourd'hui où l'on veut instaurer et surtout officialiser une instruction à plusieurs vitesses ! Si, pour résoudre les inégalités, il faut donner la même éducation à tous, il ne s'agit pas pour Rousseau qu'elle soit humaniste. Dans le *Discours sur l'origine et les fondements de l'inégalité parmi les hommes*, il affirme déjà que les enfants de son époque sont en quelque sorte « gâchés », car on ne leur enseigne pas le goût de l'effort et on les « gâte », on « les tue indistinctement avant leur naissance » (2^d *Discours*, p. 135). Rousseau déteste les livres et leurs auteurs et pense qu'il n'y a pas de meilleur éducateur au fond que soi-même. En ce sens, on peut considérer qu'il est un précurseur des pédagogies actives qui feront florès au cours du XXe siècle avec des gens comme Montessori et Freinet, qui prônent l'apprentissage par la découverte et l'expérience. Cependant, là n'est pas le seul propos d'*Émile ou De l'éducation*. Si cet ouvrage porte sur l'éducation, comme l'indique le titre, il n'en demeure pas moins qu'il a, comme les précédents, une profonde visée politique. C'est sur cette dernière que nous insisterons ici exclusivement. En effet, le but de l'éducation doit être de former des hommes libres, pour cela il faut les traiter dès l'enfance en êtres libres.

Le *Contrat social* et l'*Émile* seront condamnés par le Parlement de Paris et interdits en France, aux Pays-Bas, à Genève et à Berne.

Ces quatre œuvres que sont le *Discours sur les sciences et les arts*, le *Discours sur l'origine et les fondements de l'inégalité parmi les hommes*, *Du contrat social* et *Émile ou De l'éducation* constituent ensemble une réflexion soutenue et conséquente. Rousseau porte d'abord un diagnostic : les hommes ont été pervertis par le progrès et la vie sociale. L'explication en est la naissance et le développement des inégalités. Mais ce que l'homme a fait, il peut le défaire : il faut repenser

la société politique et la changer. Pour que cette tâche soit possible, il faut éduquer les hommes en ce sens dès leur plus jeune âge.

Les mauvaises plaisanteries dont l'a accablé Voltaire, autant que les représentations fallacieuses d'un Rousseau défenseur du « bon sauvage » ont trop souvent empêché que l'on saisisse en lui le philosophe essentiel. Cependant, c'est à une véritable réflexion philosophique que s'est voué Rousseau, pour répondre à nombre de ses interrogations telles que : Pourquoi le bonheur et la justice ne se réalisent-ils pas ? Pourquoi les hommes, qui ont tant besoin les uns des autres, sont-ils toujours en opposition ? Il a ainsi marqué non seulement les révolutionnaires, mais également l'histoire des idées, et Kant ne s'est pas caché de sa dette envers lui. La pensée de Rousseau, sous des allures parfois lyriques, est une pensée rigoureuse et fait de lui l'un des plus grands penseurs politiques de tous les temps.

2. *Discours sur les sciences et les arts* (1750)

Jean-Jacques Rousseau est donc un philosophe du siècle des Lumières, mais qui a pour particularité d'être l'un des rares penseurs à ne pas avoir été enthousiasmé par l'idée de progrès si largement partagée par ses contemporains. Il a notamment exprimé ses réserves vis-à-vis de cette idée dans son *Discours sur les sciences et les arts*. Ce discours commence de manière très abrupte et sans ménagement. Rousseau se présente aux académiciens comme un ignorant refusant de se laisser aller à la mode et à l'opinion dominante, y compris celle des lettrés et des philosophes, à savoir la foi en l'idée de progrès. Rousseau a bien conscience de s'adresser à des savants, alors qu'il va ici critiquer ce à quoi a mené justement le développement du savoir.

Mais il se justifie d'emblée en affirmant qu'il ne fait ici que son devoir. Rousseau situe donc sa réflexion sur un plan moral, plan moral qu'il ne quittera d'ailleurs jamais dans ses écrits ultérieurs. Face à la science, Rousseau fait le choix de la morale, et on pourrait presque dire le choix de l'homme.

Comme le dit Rousseau dans la préface de cet opuscule, il veut être quelqu'un qui « veut vivre au-delà de son siècle ». De fait, la première idée-force de la première partie du *Discours* consiste à affirmer que plus les hommes se créent de besoins – et ils en créent d'autant plus que leurs savoirs progressent –, plus ils en deviennent dépendants, voire esclaves, et se trouvent ainsi prêts à accepter toutes les servitudes et compromissions pourvu qu'ils puissent satisfaire ces besoins, que l'on peut aussi nommer désirs. On ne peut s'empêcher ici de penser à notre société de consommation qui a poussé au paroxysme cette dialectique : création de besoins, satisfaction de ces besoins, création de nouveaux besoins, et cela grâce essentiellement aux progrès de la technique qui a su s'adjoindre les services de la science. En ce sens, Rousseau a été un visionnaire

en mettant en évidence ce mécanisme infernal que nous subissons aujourd'hui à une échelle effrayante.

Rousseau s'en prend par ailleurs aux grands, mais aussi aux lettrés, qui ne font qu'accompagner et encourager le développement « déguisé » de cette servitude. En effet, les lettrés se targuent de leur comportement policé, « civilisé », qu'ils affirment être la conséquence de leur savoir. Plus l'on sait, mieux l'on se comporte avec ses semblables, plus on a de « manières », mais lesquelles justement ne sont que des manières, des apparences, des attitudes hypocrites qui font croire que plus on est savant, plus on respecte son semblable, alors qu'en réalité on le manipule davantage. Rousseau leur reproche ainsi d'être les vassaux des dominants et le dit certes avec beaucoup d'ironie, mais aussi de façon très acerbe : « Puissances de la terre, aimez les talents, et protégez ceux qui les cultivent. Peuples policés, cultivez-les : heureux esclaves, vous leur devez ce goût délicat et fin dont vous vous piquez ; cette douceur de caractère et cette urbanité de mœurs qui rendent parmi vous le commerce si liant et si facile ; en un mot, les apparences de toutes les vertus sans en avoir aucune. » (*1er Discours*, p. 7.)

Rousseau déteste les apparences, non par principe, mais parce qu'elles sont toujours fausses, malhonnêtes et dissimulent justement l'incapacité à être homme et à se conduire moralement : l'opulence, le « chic », le savoir-vivre vont assez mal avec la vertu. En effet, il s'agit de plaire, de faire « comme si », de paraître et non d'être, bref d'être hypocrites. Or, ce type d'attitude donne lieu à un comportement conformiste afin d'éviter la stigmatisation. Plutôt qu'à une société d'hommes libres, on a affaire à un troupeau indifférencié d'individus interchangeables. On ne peut alors plus se fier à quiconque, puisqu'il devient impossible de connaître ceux que l'on côtoie dans la mesure où ils se coulent dans le moule dicté par la bienséance. Mais cette hypocrisie généralisée ne nous fait pas meilleurs, elle nous incite à dissimuler nos véritables pensées, à flatter, à comparer afin de discréditer de façon bien plus perfide, puisque c'est sous couvert de politesse. Plutôt que des hommes, on ne rencontre plus que des pantins ramollis soumis à leurs désirs. Vont ainsi se développer toutes sortes de vices visant à tromper l'autre, y compris sur soi-même ; le but de la vie ensemble n'étant plus que la satisfaction de son amour-propre, de sa vanité.

Rousseau ne cantonne pas sa critique au siècle des Lumières, mais selon lui les progrès du savoir sont toujours allés de pair avec l'augmentation de la dépravation. Plus exactement, les progrès du savoir ont toujours entraîné la dépravation de nos mœurs et le maintien, voire le développement, de la servitude, et cela dès l'Égypte ancienne. En ce sens, l'augmentation des savoirs, et donc finalement la maîtrise toujours plus grande du monde et de notre existence, ne nous ôtent-elles pas nos craintes et ne nous autorisent-elles pas ce qui auparavant nous aurait effrayés ? C'est sans doute pour cela qu'ici Rousseau « glorifie » l'ignorance, qui nous épargne une certaine forme de dénaturation, mais aussi de décadence.

À cet homme « dévoyé », Rousseau oppose l'homme rustre, sans ornements, mais vigoureux et franc, des sociétés anciennes, qui ne calcule pas parce qu'il n'a pas à essayer de « rouler » son prochain. Non pas que ces sociétés simples aient été composées d'hommes stupides, mais ceux-ci ont préféré préserver leur conduite morale et ne l'ont pas sacrifiée au savoir. Ils ne l'ont pas fait passer après l'élégance et le raffinement ; ils ont continué de privilégier la sincérité, non la superficialité. Nous avons beau nous enorgueillir de nos progrès et de notre urbanité, ne sont pas barbares ceux que l'on croit. Pour appuyer son argumentation, Rousseau va faire appel au premier des philosophes : Socrate. En effet, ce dernier n'a pas manqué de critiquer les sophistes (les sages ou les savants) et les artistes de son temps, parce qu'ils détournaient les hommes de la recherche de la vérité, en soudoyant et en flattant leurs sens. Cela dit, Rousseau va, comme il lui arrive parfois de le faire ailleurs, tordre un peu la position de Socrate en affirmant qu'il glorifiait lui aussi l'ignorance, ce qui est pour le moins excessif. Si Socrate affirme qu'il sait qu'il ne sait pas, c'est justement pour pouvoir sortir de l'ignorance et non pas s'en repaître parce qu'il la confond avec le savoir.

Rousseau ne fait pas pour autant une idéalisation de l'homme avant le développement de la civilisation, il affirme que « la nature humaine, au fond, n'était pas meilleure » (*1er Discours*, p. 8). Cependant, elle était plus simple à comprendre, plus « lisible », ce qui évitait d'inventer des moyens pour tromper l'autre, et donc réduisait le développement des vices. Ce n'est d'ailleurs pas tant les sciences et les arts en tant que tels que Rousseau attaque, mais ce que l'on en fait. Ce qu'il déplore, c'est qu'on les mette au service de la frivolité et de « la raillerie insultante » (*1ᵉʳ Discours*, p. 15). Avec cette dernière expression, on ne peut s'empêcher de penser à l'amertume de Rousseau face à son propre vécu, lui dont on a souvent moqué la gaucherie et l'apparente naïveté, comme en atteste cette remarque de Voltaire à la parution de ce *Discours sur les sciences et les arts* : « Jean-Jacques n'est qu'un malheureux charlatan qui, ayant volé une petite bouteille d'élixir, l'a répandu dans un tonneau de vinaigre. » Sans s'en rendre compte, Voltaire montre ici exactement ce que Rousseau dénonce dans son opuscule : la fatuité, l'arrogance moqueuse qui ne grandissent pas l'homme.

À l'issue de la première partie du *Discours*, on a ainsi une première esquisse de la réponse à l'Académie : le progrès a plutôt contribué à corrompre les mœurs. Mais Rousseau va préciser son propos.

La seconde partie commence de manière tout aussi brutale. Les sciences et les arts sont nés de nos vices (avarice pour la géométrie, orgueil pour la morale, etc.) et ont pour objet de les pallier : si nous avons inventé la justice, c'est pour compenser nos injustices. Le début de cette partie est assez surprenant : l'origine des sciences et des arts se trouve dans la malice originelle de l'homme. Celui-ci ne serait donc pas naturellement bon ? De fait, pour Rousseau, l'homme naturel, s'il a jamais existé, n'est ni bon ni méchant, il est neutre, amoral. L'homme naturel est un être solitaire, ce n'est pas encore un homme, c'est « un animal stupide et borné » (*CS*, L. I, chap. VIII, p. 364). Il passe à l'humanité quand il s'associe avec ses semblables et développe des qualités proprement humaines (langage, conscience, liberté et perfectibilité). Mais en même temps, il va développer tous les défauts humains (injustice, avarice, cupidité), et ce sont ces derniers qui vont donner lieu au développement des sciences et des arts, lesquels vont avoir pour vocation de compenser ces vices initiaux. Si l'on est conséquent, ce ne sont donc pas les sciences et les arts qui pervertissent les hommes, qui corrompent leurs mœurs, mais c'est parce que les hommes sont déjà corrompus qu'ils sont amenés à les développer. En même temps, ils accentuent ces vices, les amplifient et dénaturent encore davantage l'homme. Rousseau affirme donc ici qu'il vaut mieux renoncer aux sciences, à la recherche de la vérité, car elles nous apportent moins qu'on leur donne (temps, efforts, erreurs).

Rousseau va même très loin : dans la balance, il met d'un côté toutes les connaissances, de l'autre le temps passé à les élaborer, temps selon lui improductif, inutile aux autres hommes. D'ailleurs, la preuve en est que si toutes ces connaissances n'avaient pas été produites, nous serions tout aussi nombreux, pas plus pervers, etc. Certes, on peut aussi dire que Rousseau est incapable d'apporter la preuve de ce qu'il avance : la médecine a par exemple réduit la mortalité de manière très significative. Il dénonce ainsi l'oisiveté, « mère de tous les vices », de tous ces gens qui consacrent leur vie au savoir, aux lettres, aux arts en général. Mais n'est-ce pas ce que lui-même fait ?

Il s'en prend par ailleurs au luxe, lequel se développe corollairement avec les sciences et les arts. En effet, ceux-ci favorisent le raffinement et le déploiement du faste, mais aussi la richesse et le désir de s'enrichir, et forcément toujours au détriment d'autres hommes qui se trouvent alors réduits à de simples marchandises que l'on monnaye : « L'un vous dira qu'un homme vaut en telle contrée la somme qu'on le vendrait à Alger ; un autre en suivant ce calcul trouvera des pays où un homme ne vaut rien, et d'autres où il vaut moins que rien. Ils évaluent les hommes comme des troupeaux de bétail. Selon eux, un homme ne vaut à l'État que la consommation qu'il y fait. » (*1er Discours*, p. 20.) On ne peut s'empêcher de relever ici la claire conscience des processus historiques et économiques qui commencent à se développer à son époque, processus dont on peut mesurer aujourd'hui toute la portée.

L'oisiveté, le luxe, la richesse s'opposent aux vertus : comment être juste lorsque l'on veut s'enrichir ? De plus, ils ramollissent les hommes, en font des dilettantes et des lâches qui n'ont plus le sens de la vie commune. Bref, ils font des hommes des êtres égoïstes, préoccupés d'eux-mêmes, prétentieux, vaniteux, petits.

Le luxe corrompt les mœurs, corruption qui à son tour altère le goût. En effet, puisque la société n'est que futilités, il lui faut des choses futiles. Aussi, pour plaire, les artistes renonceront à leur génie, produiront des choses faciles, mais vaines, vite oubliées. Rousseau ne manque pas ici de s'en prendre à Voltaire : « Dites-nous, célèbre Aroüet, combien vous avez sacrifié de beautés mâles et fortes à notre fausse délicatesse, et combien l'esprit de la galanterie si fertile en petites choses vous en a coûté de grandes. » (*1ᵉʳ Discours*, p. 21.) Au passage, il justifie également son manque de notoriété, car c'est sans doute à lui-même qu'il pense lorsqu'il écrit : « Que si par hasard, entre les hommes extraordinaires par leurs talents, il s'en trouve quelqu'un qui ait de la fermeté dans l'âme et qui refuse de se prêter au génie de son siècle et de s'avilir par des productions puériles, malheur à lui ! Il mourra dans l'indigence et dans l'oubli. » (*1ᵉʳ Discours*, p. 21.)

Rousseau ne supporte pas la préciosité qui nous ôte force et courage. Il dénonce l'effémination de son époque pour lui opposer la virilité des temps anciens. Plus les hommes se civilisent, plus ils s'amollissent et moins ils sont vigoureux et vaillants.

Si la civilisation affaiblit la résistance des corps, elle est aussi nuisible à l'âme. Elle apprend aux enfants des choses inutiles et méconnaît les choses essentielles. Ce passage est d'une telle actualité qu'il mérite d'être cité : « Vos enfants ignoreront leur propre langue, mais en parleront d'autres qui ne sont en usage nulle part ; ils sauront composer des vers qu'à peine ils pourront comprendre : sans savoir démêler l'erreur de la vérité, ils posséderont l'art de les rendre méconnaissables aux autres par des arguments spécieux : mais ces mots de magnanimité, d'équité, de tempérance, d'humanité, de courage, ils ne sauront ce que c'est. » (*1ᵉʳ Discours*, p. 24.) Les sciences et les arts contribuent ainsi à l'inégalité entre les hommes, car ils valorisent les talents et méprisent les vertus. Rousseau invective les philosophes les plus notoires (les stoïciens et les épicuriens, Hobbes, Spinoza, La Mettrie) : puisqu'ils ne sont pas d'accord entre eux, qu'ils restent à l'écart de la société et gardent leurs réflexions pour eux. Il s'en prend même à l'imprimerie, responsable de la transmission de toutes ces idées erronées et corrompues ! Rousseau dénonce l'impiété et la corruption des mœurs. S'il n'est pas pratiquant, il est profondément chrétien et n'hésite pas à affirmer qu'il faut

C'EST UN EUPHÉMISME ?
J'KAPTE KE DALLE À TON MESS MEC !!! LOL

brûler tous les livres ! Et les siens ? Seuls Bacon, Descartes et Newton trouvent grâce à ses yeux, car ce sont des génies qui n'ont pas eu besoin de maîtres, et c'est à eux que doivent être réservés les sciences et les arts, comme à lui-même aussi certainement… Rousseau justifie cela en arguant du fait que les savants ne doivent pas travailler à leur gloire personnelle, mais doivent mettre leurs savoirs au service de tous afin de les rendre meilleurs : « Mais tant que la puissance sera seule d'un côté, les lumières et la sagesse seules d'un autre, les savants penseront rarement de grandes choses, les princes en feront plus rarement de belles, et les peuples continueront d'être vils, corrompus et malheureux. » (*1ᵉʳ Discours*, p. 30.)

Même si les arts et les sciences ont contribué à corrompre les mœurs, ce *Discours* se termine sur une note légèrement plus optimiste : ils ne sont pas à supprimer, mais il faut mieux les employer.

3. *Discours sur l'origine et les fondements de l'inégalité parmi les hommes* (1755)

Après avoir dénoncé dans le *Discours sur les sciences et les arts* la vanité et la superficialité de la société de son temps, lesquelles dénaturent l'homme et le rendent méchant, c'est dans son *Discours sur l'origine et les fondements de l'inégalité parmi les hommes*, appelé aussi « second *Discours* », qu'il va élaborer une explication de cette « décadence ». Pour cela, il va tenter une généalogie de la société, développer l'idée que les hommes naissent naturellement égaux mais que c'est la vie en société qui va être à l'origine des inégalités entre eux, et donc aussi à l'origine de leurs conflits. Le problème posé par ce second *Discours* est donc politique. Dans la dédicace adressée à la République de Genève,

Rousseau ébauche les thèmes que l'on retrouvera dans le *Contrat social*. Il s'agit ici pour lui de mettre en évidence déjà son attachement à la république et à la démocratie. Un État bon et juste est un État dans lequel le peuple est souverain et où obéir aux lois représente la plus grande liberté, puisque cela revient à obéir à soi-même et que personne n'est au-dessus des lois : « J'aurais voulu vivre et mourir libre, c'est-à-dire tellement soumis aux lois que ni moi ni personne n'en pût secouer l'honorable joug ; ce joug salutaire et doux, que les têtes les plus fières portent d'autant plus docilement qu'elles sont faites pour n'en porter aucun autre. » (*2ᵈ Discours*, p. 112.) Quelle magnifique définition de la liberté qui nous garantit de la domination arbitraire !

Partant du fait que l'on ne peut rien contre les inégalités naturelles, puisqu'elles sont le fait de la nature, Rousseau va s'attacher aux inégalités sociales, d'institution, c'est-à-dire issues de conventions décidées par les hommes. Car si les inégalités sociales (droits, fonctions, positions, conditions, etc.) sont instituées par les hommes, elles peuvent aussi être défaites par eux, telle est son idée-force. Ces inégalités sont liées au hasard de la naissance (et non de la nature) dans une société qui accumule les privilèges au cours des siècles. Cependant, si Rousseau montre que ces inégalités ne sont pas naturelles, il se demandera si elles peuvent être légitimées au nom du droit, plus précisément au nom du droit naturel, préexistant à l'histoire, et qui justifierait qu'une société pour perdurer soit construite hiérarchiquement. Les modernes, que critique Rousseau, partent des hommes « tels qu'ils se sont faits » (*2ᵈ Discours*, p. 125). Ils observent la société, repèrent des comportements caractéristiques et peuvent alors justifier la propriété, l'exigence de justice, etc. Or, Rousseau, en dissociant le naturel de l'acquis, ne fait pas reposer les lois positives sur la loi naturelle (qui voudrait que les hommes soient comme ceci ou comme cela) et bat en brèche les conservateurs dont le souci est de justifier l'ordre existant. Pour Rousseau, le droit ne peut apparaître que lorsque les inégalités sont déjà effectives et il a pour but de les réguler. Ce n'est donc pas le droit naturel qui autorise les inégalités, droit naturel qui pour Rousseau n'existe pas. C'est le droit positif, c'est-à-dire institué par les hommes, qui crée les inégalités et les perpétue. Il est donc possible de changer les choses, puisque les lois ont été instituées par les hommes. Il dénonce ici un scandale : les faibles ont été dupés. En effet, alors qu'ils croient être protégés par les lois, celles-ci ne font que légaliser la violence. Ainsi, Rousseau refuse catégoriquement de légitimer l'ascendant des uns sur les autres pour « raison naturelle », parce qu'ils sont par exemple les plus forts physiquement. Si certains en dominent d'autres, c'est par convention, accord ou peur, mais pas du fait de la nature. Il est à noter qu'à ce moment du XVIIIe siècle l'autorité de droit divin est mise en cause et l'inégalité sociale dénoncée. Cela explique pourquoi la réponse de Rousseau à cette question de l'Académie s'inscrira en faux contre le droit divin et adoptera la position du droit naturel qui affirme l'égalité de dignité et de liberté entre les hommes. Toutefois, il s'agit du résultat auquel il compte parvenir, non de son point de départ. Aussi va-t-il d'abord rechercher l'origine des inégalités et mettre en évidence qu'il ne s'agit pas là d'un fait naturel.

Pour comprendre d'où vient le fait qu'il y ait des riches et des pauvres, que certains aient le pouvoir et que d'autres soient dominés, etc., Rousseau va construire dans la première partie du second *Discours* une anthropologie, c'est-à-dire qu'il va s'interroger sur l'essence de l'homme, sur sa *nature*, en émettant l'hypothèse d'un homme à l'état de nature, c'est-à-dire d'un homme dépouillé de tous ses acquis sociaux. Cela va lui permettre de montrer justement que l'homme est un être dénaturé, qu'il s'est éloigné de la nature en créant des institutions, des règles, l'histoire, etc. – ce que l'on appelle la culture par opposition à la nature –, et que ce sont celles-là qui sont les causes de l'inégalité. Rousseau commence donc par s'interroger sur *l'origine* de ces inégalités. Ce modèle de l'homme naturel reconstruit rationnellement, puisqu'un homme à l'état de nature n'a jamais été observé, lui servira de norme pour l'analyse de l'homme civilisé. Il montrera que l'homme à l'état de nature est sain, innocent et non dominé, et ne ressemble absolument pas à l'homme civilisé : malade, malheureux et soumis.

La seconde partie du *Discours* portera sur l'analyse du passage de l'état de nature à l'état politique et l'apparition concomitante de l'inégalité. Il s'agira alors de comprendre quels sont les *fondements* de l'inégalité et si elle est légitime. Rousseau pourra alors montrer que l'inégalité a son origine dans l'histoire, non dans la nature, qu'elle est donc politique et qu'elle est due aux choix des hommes.

Reprenons plus en détail toute cette analyse. Rousseau part donc de l'homme naturel. Mais d'emblée, il nous prévient qu'il ne fera pas une histoire naturelle de l'évolution à la manière de Buffon ou de Linné. Son propos n'est pas d'émettre des hypothèses sur la manière dont a évolué l'homme, mais de nous parler de l'homme authentique et vrai. Ainsi, si l'on considère l'homme sans religion révélée et sans tous les acquis des générations, on trouve un homme qui vit en solitaire, qui est innocent, heureux, indépendant, mais assez dépourvu physiquement, par comparaison avec les autres animaux. Toutefois, ses besoins sont très réduits et donc facilement satisfaits, d'autant que, n'ayant que la préoccupation de ses besoins, il est plus fort et plus habile qu'un homme socialisé. En effet, sa vie naturelle le rend robuste, par une sorte de nécessité naturelle à sa survie. Rousseau précise également que dans cet état initial existent peu de différences entre les hommes : une faiblesse physique sera compensée par un esprit plus vif, etc. Ainsi, cette description met aussitôt en avant l'idée qu'à l'état de nature il n'existe presque pas d'inégalités. D'ailleurs, la situation de conflit est rare, car il s'agit d'un état stable dépourvu de passions, d'envies, l'agressivité et la compétition étant des tendances qui se mettent en place dans la société. Rousseau ne fait cependant pas de l'homme naturel un idéal auquel il faudrait revenir, comme a voulu nous le faire croire Voltaire, car cet être est aussi, selon Rousseau, « un animal stupide et borné » (*CS*, p. 364). Comment expliquer alors le passage de l'état de nature à l'état social ?

Tout d'abord, Rousseau affirme que l'homme naturel n'a pas d'instincts, même si ses sens sont premiers, dans la mesure où il est capable d'imiter tous les animaux et d'en tirer avantage, ce qui le rend supérieur avec un moindre effort. Nous pouvons souligner cette affirmation surprenante de Rousseau : l'homme n'a pas d'instincts, à l'heure où nombre de nos contemporains en croient l'homme pourvu. C'est pourtant Rousseau qui a raison : un instinct vaut pour toute l'espèce, c'est un besoin vital résolu en l'animal par la nature. Or, nous les hommes, si nous avons évidemment des besoins vitaux, nous les résolvons différemment selon la culture à laquelle nous appartenons. On traduit parfois « *Trieb* », dans les ouvrages de Freud, par « instinct », alors qu'il s'agit d'une pulsion, ce qui est totalement différent ! Une fois de plus, nous pouvons remarquer l'esprit extrêmement pénétrant de Rousseau. L'homme n'ayant pas d'instincts fait donc preuve dès lors d'une certaine liberté. Rousseau prend l'exemple du pigeon et du chat : si l'on donne au premier de la viande et des fruits ou des graines au second, ils se laisseront mourir de faim, car la nature ne les a pas programmés pour choisir mais leur a imposé une règle de laquelle ils ne peuvent s'écarter, même pour survivre. À l'inverse, l'homme n'est pas totalement soumis à la nature. Il peut même s'en affranchir au point de se détruire, comble de l'absurde. C'est cette liberté qui va rendre possible la *perfectibilité* qui est l'explication de l'évolution humaine, de ce passage d'un simple état animal à un état bien plus sophistiqué. Cette disposition permet à l'homme de se perfectionner, d'acquérir de nouvelles connaissances et de développer ses facultés, comme l'intelligence et la raison. Sur le plan individuel, l'homme peut toujours s'améliorer grâce à l'éducation, il peut toujours apprendre. Sur le plan de l'espèce, c'est l'histoire qui prend le relais, qui fait que nous ne devons pas tout recommencer à chaque génération. Pourtant, liberté et perfectibilité seraient à l'origine de la ruine de l'homme. En effet, ce dernier va développer, grâce à son intelligence, toujours davantage de besoins, qui avec l'émergence de la conscience vont se transformer en désirs, lesquels vont le rendre malheureux car ne pouvant être toujours satisfaits. Ce passage de la simple sensation à la représentation a dû être motivé, selon Rousseau, par des circonstances bien précises qui demeurent inexpliquées. Nous avons affaire au même mystère concernant le langage. Celui-ci a dû apparaître pour répondre à une nécessité conditionnant la survie humaine. Et c'est avec le langage que les hommes ont pu progresser, puisqu'ils ont pu échanger et développer des connaissances, mais c'est aussi avec lui que les hommes ont pu davantage s'opposer, se couper de la nature et se tourmenter, car désormais ils ont conscience de la mort. De plus, l'homme civilisé, disposant de confort, de moyens de se soigner, de se protéger des prédateurs, est pourtant bien plus fragile, bien plus dépourvu malgré toutes ses inventions. Comme l'animal domestiqué dégénère, l'homme civilisé est décadent, il est toujours davantage capable de se détruire. Mais en même temps, ce sont la liberté et la perfectibilité qui œuvrent à la culture et à l'histoire humaine. Ce faisant, l'histoire humaine ne s'écrit pas « naturellement », aussi pouvons-nous souligner déjà que les inégalités sont le fruit de l'action des hommes, de l'histoire qu'ils font, et non de la nature.

En second lieu, pour survivre, les conditions naturelles étant devenues plus difficiles, les hommes ont dû s'associer et s'organiser afin de répondre à leurs besoins. Nous pouvons noter qu'au contraire d'Aristote, de Grotius ou de Locke, Rousseau pense que l'homme n'est pas naturellement sociable. La vie sociale, maintenant établie, a favorisé ainsi la comparaison entre les uns et les autres et a développé les passions, peu nombreuses à l'état de nature.

En revanche, la répartition des tâches, ou division sociale du travail, et l'instauration de hiérarchies ont favorisé les différences, d'autant que certains ont été plus rusés que d'autres : ils se sont octroyé des terres, se sont désignés comme décisionnaires, etc. Sont alors apparues la dépendance et la domination. Contre Hobbes (1588-1679), philosophe anglais, Rousseau affirme que l'homme, à l'état de nature, n'« est [pas] un loup pour l'homme », c'est la société qui met les hommes en compétition, pas la nature. Les passions ne peuvent exister que par comparaison, donc que dans la vie sociale. La comparaison nécessite aussi la réflexion, ce dont est incapable l'homme naturel, puisque c'est une faculté qui se développe avec le langage. À l'état de nature, l'homme n'est ni bon ni mauvais, car il est incapable de juger du bien et du mal. L'homme naturel est amoral. À l'inverse, l'homme civilisé, parce qu'il pense, est capable de se représenter et de reconnaître les règles morales, et donc aussi de s'y soustraire. C'est la raison qui pose l'égalité morale des hommes, mais c'est elle aussi qui permet d'y déroger. À la fois, la société moralise et déprave l'homme. Les inégalités seraient

ainsi liées au hasard de la naissance, à l'accumulation des privilèges par certains, et surtout au fait que ce sont les hommes qui font leur histoire grâce à cette faculté de perfectibilité qui leur permet d'évoluer et qui leur est propre. À l'état de nature, les inégalités n'ont pas lieu d'être, car les hommes sont seuls, ne se comparent pas, n'ont pas de passions, elles ne servent donc à rien et c'est pourquoi il n'y en a pas. En créant des institutions, et plus largement la culture, les hommes se sont éloignés de la nature, se sont donc « dénaturés », et les inégalités se sont creusées de manière exponentielle. Dans le même temps, les hommes se sont aliénés eux-mêmes en se soumettant à d'autres hommes, dont ils vont légitimer, du fait même de cette soumission, la domination et la richesse. Ainsi, ils vont renoncer à ce qu'ils ont d'essentiel : la liberté. Rousseau, par cette analyse, a donc abouti à l'idée que les inégalités sont à peine perceptibles à l'état de nature, qu'elles ne seraient donc pas naturelles, mais issues de la vie en société.

Si les inégalités ne s'appuient pas sur la nature, quelle peut être leur légitimité ? Existe-t-il un droit naturel qui pourrait justifier la nécessité d'une hiérarchie dans une société ? Concrètement, que s'est-il passé ? Quel est l'événement institutionnalisant ? Telles sont les questions politiques qui se posent désormais à Rousseau.

Celui-ci esquisse un début de réponse dès l'ouverture de la seconde partie du second *Discours*. C'est l'émergence de la propriété privée qui représente le passage de l'état de nature à l'état social et qui est constitutive de l'inégalité. En effet, c'est elle qui va déterminer l'ordre politique, lequel ne fera par la suite que légitimer une domination de fait. La propriété privée, comme moment fondateur, est dénoncée d'emblée par Rousseau comme une usurpation rendue possible, non pas par la nature, mais par le langage : « Ceci est à moi. » (*2^{d} Discours*, p. 164.) De fait, la propriété est inscrite dans l'histoire, elle n'a pas toujours existé et va provoquer l'inégalité.

Mais reprenons plus en détail. Rousseau nous convie à une véritable généalogie. Dans les premiers temps, la nature fut généreuse et les besoins de l'homme satisfaits facilement, il n'y eut donc pas d'évolution. Puis apparurent des obstacles : les

CECI EST
À MOI

ressources « directes » commencèrent à s'épuiser, il fallut se protéger des autres espèces. L'homme dut donc s'adapter et il le put grâce à sa perfectibilité qu'il possédait déjà en puissance. Il développa des techniques rudimentaires, ce faisant son intelligence s'étendit et sa conscience émergea. Il commença à s'associer ponctuellement et par intérêt avec ses semblables. Mais la « machine » était lancée. Il se mit à construire des cabanes, se sédentarisa et composa le premier groupe social : la famille. Il dut commencer à échanger beaucoup plus régulièrement et les langues apparurent. Ainsi naquirent les premières sociétés. L'homme « s'apprivoisa », perdit son caractère naturel. Les hommes se rassemblant, ils furent alors confrontés au regard des autres et cherchèrent leur reconnaissance afin de s'assurer de leur existence. Mais de ce désir de reconnaissance naquit la compétition entre les hommes. Or, se faire valoir, c'est-à-dire vouloir valoir plus que les autres, se fait toujours au détriment des autres, et se créa ainsi une échelle de valeurs, et donc des inégalités. La vanité, le mépris, la honte et l'envie furent à l'origine de l'inimitié entre les hommes, ainsi que de la compromission et de la corruption. La propriété trouve alors un terreau fertile. Les acquis nécessaires à son émergence sont activés : langage, technique et socialisation. En effet, elle suppose une forme d'abstraction rendue possible par le langage : un enclos n'est signe de propriété et ne peut être respecté que si l'on a *dit* qu'il était signe de propriété. De même, l'enclos n'est réalisable qu'à condition d'être capable de fabriquer des pieux. Or ce développement de la technique n'est possible qu'avec la socialisation. Il en va de même pour l'agriculture : tant que je cultive la terre pour mes propres besoins, je ne dépends de personne et je peux dire que cette terre est à moi. Mais cette « première » propriété va entraîner les inégalités. Certains vont cultiver plus vite que les autres ou davantage, si bien que les hommes vont devenir dépendants les uns des autres et des rapports inégaux vont apparaître, car la répartition des terres sera inégale. Cette répartition sera d'autant plus disparate que tous ne seront pas agriculteurs : il faudra des forgerons, des maçons, etc. Et donc, avec la division sociale du travail, la liberté et l'égalité vont disparaître. La propriété représente ainsi le moment fondateur de la société civile, en même temps que celui de l'inégalité. Il n'aurait pas fallu croire l'imposteur qui « s'avisa de dire : "Ceci est à moi." » Mais une fois l'imposteur cru, c'est-à-dire institué dans l'opinion des autres, la propriété est acceptée. Or, ce que je possède, l'autre ne l'a pas. Plus je possède, moins l'autre a. Je veux avoir ce que l'autre a et que je n'ai pas Il aurait fallu arracher les pieux, car ils étaient illégitimes. D'un point de vue naturel, rien ne justifie la propriété, la terre est à tous.

La propriété est donc le fruit de l'organisation et de la division des tâches, qui vont entraîner la dépendance, laquelle va à son tour permettre l'appropriation et l'accumulation. Alors, l'économie ne se réduit plus seulement à la satisfaction des besoins. La personne ne s'identifie plus qu'à ce qu'elle a, et non à ce qu'elle est : apparence et vanité peuvent se développer, ainsi que la comparaison et la rivalité entre les hommes. De celles-ci vont naître la domination de quelques-uns sur les autres qui vont ainsi être asservis, les contraignant à la misère et à la violence pour survivre. Un état de guerre perpétuel se mit à régner, laissant dans l'insécurité les plus miséreux comme les plus riches. Toutefois, ce sont les plus riches qui furent les plus gênés par cette situation, car ils craignaient d'être dépossédés par la force. Pour protéger leurs biens, les possédants vont alors imaginer « le projet le plus réfléchi qui soit jamais entré dans l'esprit humain » (*2ᵈ Discours*, p. 177) : un pacte d'association pour faire régner la paix dans l'intérêt de tous. En réalité, les plus riches n'ont cherché qu'à faire reconnaître leur droit de propriété et à faire protéger ce droit par la force publique, c'est-à-dire par ceux-là mêmes qui les menaçaient. Le tour de force va consister à intéresser tout le monde à ce projet, ce qui légitimera une situation qui paraissait, à beaucoup auparavant, comme illégitime. Une fois cette situation légitimée par les lois, les riches seront protégés et personne ne pourra plus contester leur droit. Comme nous pouvons le constater, il s'agit d'un véritable marché de dupes qui a entériné un état de fait : la domination des riches sur les plus démunis et la consolidation des inégalités. Il est, nous dit Rousseau, « raisonnable de croire qu'une chose a été inventée par ceux à qui elle est utile plutôt que par ceux à qui elle fait du tort » (*2ᵈ Discours*, p. 180). C'est cette domination, comprise comme négation de la liberté de l'autre, qui constitue fondamentalement l'inégalité entre les hommes. Or, la hiérarchie sociale ne peut être légitime, car elle ne trouve pas sa source dans la nature, mais elle découle de circonstances historiques.

Ce pacte « tronqué » fut l'acte fondateur de la société civile et le marqueur du passage de l'état de nature à l'état civil et politique. Cependant, ce pacte politique mal fondé a rendu l'existence des hommes malheureuse. En effet, le droit repose sur une tromperie, le plus grand nombre est assujetti au travail au profit de quelques-uns. Aussi, les lois, au lieu d'être l'expression de l'unité et de la liberté du peuple, ne font que consacrer les inégalités. C'est pourquoi Rousseau critique, entre autres, la thèse de D'Alembert qui affirme que c'est l'union des faibles qui a produit les sociétés politiques. Or, comment les pauvres, qui n'ont rien d'autre à perdre que leur liberté, s'associeraient-ils pour y renoncer ? Il oppose le même argument à Hobbes, lequel soutient la thèse qui affirme que les hommes se sont mis en société pour assurer leur sécurité et ont remis en échange leur liberté au souverain. Apparaît ici l'esquisse de la théorie politique que Rousseau développera dans le *Contrat social* : l'État doit défendre la liberté des gouvernés et non se comporter comme un maître qui imposerait sa volonté particulière et arbitraire. On comprend qu'ici Rousseau s'en prend, de manière à peine voilée, à la monarchie absolue. Toutefois, avec le temps, les sociétés politiques se sont toujours davantage corrompues à cause de l'amour-propre et de l'ambition des hommes. Quitte à perdre de la liberté si en contrepartie on obtient des privilèges. Et plus nous dominons les autres, plus nous nous croyons libres et admettons un système d'oppression dès lors que nous croyons pouvoir en tirer bénéfice. Les inégalités ne vont faire qu'entraîner l'augmentation de l'oppression, qui aboutit au despotisme, c'est-à-dire à la confiscation du pouvoir au profit d'intérêts privés. On assiste alors à un retour à l'état de nature, mais différent. Le premier était un état d'innocence et d'authenticité. Le second est un état de servitude et d'injustice, entériné par le droit lui-même. La boucle est bouclée et aujourd'hui encore nous tournons en rond. Quelle clairvoyance, une fois de plus, de la part de Rousseau ! Les sociétés actuelles sont héritières de ce marché de dupes. Mais Rousseau a montré que l'ordre social n'est pas sacré, puisque mis en place par les hommes. Or, ce qu'ont fait les hommes peut être défait par eux, et ainsi les inégalités peuvent être, sinon supprimées, ce que ne réclamait d'ailleurs pas Rousseau, du moins largement diminuées.

Il s'agit à présent de passer à la théorie politique, de passer du fait au droit, de ce qui est à ce qui doit être.

4. *Du contrat social* (1762)

Rousseau doit maintenant trouver une issue et une solution aux inégalités, lesquelles engendrent la domination et empêchent la liberté. Après une première dénaturation qui nous a menés à la société par un contrat d'association fallacieux, et qui nous a ramenés à un état de nature où règnent la violence et les inégalités, il nous faut procéder à une seconde dénaturation et mettre en place un contrat de gouvernement. De la société, nous passons alors à l'État, non pas de manière spontanée ou naturelle, mais au moyen d'un contrat, c'est-à-dire d'une *convention*. En effet, un contrat consiste en l'engagement mutuel des deux volontés en présence. Il suppose ainsi le consentement en échange d'un bien espéré. La notion de contrat est très ancienne, mais ne concernait que des particuliers, et non la mise en place d'un pouvoir politique légitime. C'est pourquoi l'époque moderne va constituer un virage. Jusqu'alors, et notamment dans l'Antiquité, on ne pense l'homme qu'à partir de la société : celle-ci est naturelle à l'homme, et notamment pour Aristote, l'homme est un animal politique, c'est-à-dire un animal fait naturellement pour vivre en société, et doué de raison. Puisqu'ils sont pourvus de la raison, la finalité des hommes est d'appliquer à la société humaine le même ordre rationnel que celui qui régit l'ordre du monde. Le droit naturel ancien repose ainsi sur l'idée d'une finalité naturelle, qui dépasse les simples individus, et qui est guidée par la droite raison présente en chaque homme. La société humaine n'est pas issue de la volonté des hommes, mais représente une nécessité. Parallèlement, de saint Paul à Bossuet, il est affirmé que l'autorité politique est de droit divin.

À l'inverse, pour les contractualistes, dont Rousseau fait partie, l'institution de la société trouve son origine dans la volonté humaine, elle n'est pas naturelle à l'homme. Le monde ne résulte pas d'une harmonie universelle orientée par une finalité, mais constitue un univers physique, reposant sur le principe de causalité. Ainsi, comme la révolution scientifique, avec Galilée et Newton, qui pense la nature à partir de ses éléments et l'explique à l'aide de lois, l'analyse politique va partir des individus, c'est-à-dire des éléments, et affirmer que l'ordre politique est artificiel, construit. La question fondamentale qui est alors posée est la suivante : à quelles conditions une autorité politique est-elle légitime ? Une autre question en découle : à quelles conditions est-il légitime d'obéir à une puissance politique ? C'est pour tenter de répondre à ces questions que vont naître les théories du contrat social. En ce sens, Rousseau est bien un homme de son temps. C'est d'ailleurs pour répondre à des juristes du XVIIe siècle comme Grotius (*Du droit de la guerre et de la paix*, 1625) et Pufendorf (*Le Droit de la nature et des gens*, 1672), respectivement hollandais et allemand, mais aussi à Hobbes, que Rousseau va rédiger son *Contrat social*, même si ce dernier représente également la solution au problème posé dans le second *Discours*. Ces contractualistes, y compris Rousseau, ont pour point de départ commun qu'à l'état de nature les hommes sont indépendants et égaux, ils ont les mêmes capacités et donc nul n'a un droit naturel de commander aux autres. Ils vont affirmer que l'individu, en tant que tel, possède un certain nombre de droits. Ainsi, le droit naturel est attaché aux individus, il ne les transcende pas et concerne la puissance naturelle de l'individu de se préserver. Le contrat social a ainsi pour objectif de garantir ce droit naturel. Ils mettent alors en évidence que le passage de l'état de nature à l'état civil repose sur des accords et des règles, donc du droit construit par convention, et sur une soumission volontaire à l'autorité politique. Ils remettent ainsi en cause l'autorité de droit divin. Toutefois, s'ils affranchissent l'autorité politique de l'Église, les contractualistes auxquels s'oppose Rousseau conditionnent le contrat à une restriction de la liberté naturelle au profit du pouvoir souverain.

Or Rousseau, et c'est là toute son originalité, refuse l'idée que les hommes puissent renoncer à leur droit naturel, entendu comme puissance de se préserver, pour le transférer à un souverain au-dessus des lois, comme le défend Hobbes dans le *Léviathan* (1651). Rousseau reproche à Hobbes de vouloir légitimer le fait par le droit, c'est-à-dire de légitimer l'ordre politique déjà existant. Au contraire, Rousseau affirme l'ordre politique non pas comme un système de domination, mais comme seul garant de la liberté comprise comme autonomie. Cependant, tous deux effectuent la même démarche : ils partent de l'hypothèse d'un homme à l'état de nature et non de l'homme vivant en société. Pour qu'un contrat soit possible, il est nécessaire qu'un « avant-contrat » ait existé, c'est-à-dire un état sans société. Ainsi, ils affirment tous deux un état d'égalité des hommes à l'état de nature. Leur opposition viendra de l'interprétation de cette égalité et des conséquences qu'ils en tireront, quant à l'ordre politique tel qu'il est et tel qu'il doit être.

En effet, la démarche de Rousseau est normative, elle nous indique ce qui doit être. Le contrat social de ce dernier est en quelque sorte une « refondation ». Pour cela, il s'appuie sur une idée essentielle, qu'il a énoncée dans le *Discours sur l'origine et les fondements de l'inégalité parmi les hommes*. Cette idée est la suivante : il n'existe pas d'inégalité naturelle. L'inégalité est toujours une inégalité sociale, liée à la mise en place de l'état civil. Or, celui-ci est issu d'une convention entre les hommes. Ce que les hommes ont fait, ils peuvent donc le défaire. C'est pourquoi le contrat social de Rousseau ne cherche pas à légitimer l'état existant, c'est-à-dire la domination, comme il reproche à Hobbes de le faire. Pour lui, l'état de nature terrible décrit par Hobbes n'est qu'un moyen de justifier le despotisme, car tout serait préférable à l'état de nature hobbesien. Déjà dans le *Discours sur l'origine et les fondements de l'inégalité parmi les hommes*, Rousseau a montré que ce contrat social analysé par Hobbes est un véritable marché de dupes : « Unissons-nous [...] pour garantir de l'oppression les faibles, contenir les ambitieux, et assurer à chacun la possession de ce qui lui appartient. Instituons des règlements de justice et de paix auxquels tous soient obligés de se conformer [...]. En un mot, au lieu de tourner nos forces contre nous-mêmes, rassemblons-les en un pouvoir suprême qui nous gouverne selon de sages lois, qui protège et défende tous les membres de l'association [...]. » (*2ᵈ Discours*, seconde partie, p. 177.) En effet, Rousseau réaffirme que ce qui est naturel, c'est la possession. La propriété suppose une reconnaissance comme telle. Or, selon lui, ceux qui possédaient ont imaginé un accord qui viserait à garantir leur possession. En remettant tous leur droit à un souverain, les possédants gagnaient par là même la perpétuation de leur possession transformée en propriété et donc garantie par l'ordre public. C'est dans la société que règne la loi du plus fort, les faibles ont été dupés : croyant être protégés par les lois, celles-ci ne font que légaliser la violence. Ainsi, par leur pauvreté, ils deviennent dépendants. Or, si les peuples se sont donné des chefs, nous dit Rousseau, c'est pour défendre leur liberté, non pour la supprimer. Il dénonce cette légitimation du fait par le droit, qui ne profite qu'aux plus puissants et propose une autre théorie du contrat social.

Sous des aspects parfois lyriques, il nous faut souligner ici à nouveau que la pensée politique de Rousseau est particulièrement rigoureuse et conséquente.

Rousseau part donc de l'hypothèse d'un état de nature dans lequel les hommes sont naturellement égaux (mêmes capacités, mêmes facultés) et où l'on ne constate pas d'évolution ni de progrès. Par ailleurs, dans cet état de nature, les hommes sont pacifiques, car la possession n'est pas assez stable pour entraîner la convoitise, et les besoins sont très limités. De plus, les passions, comme l'orgueil ou l'amour-propre, ne sont pas développées, car les hommes vivent isolés. Les hommes n'ont donc pas à se comparer ni à s'agresser.

C'est pourquoi, d'une certaine manière, Rousseau réfute l'idée selon laquelle le fondement du droit politique reposerait sur la force. Son analyse est alors la suivante (*CS*, L. I, chap. III) : tout d'abord, la force n'est pas la relation sur laquelle les hommes naturels s'appuient, ils sont isolés et très peu en concurrence. Par ailleurs, la force relève du fait, elle est changeante, aléatoire : le plus fort aujourd'hui peut être le plus faible demain. Enfin, le plus fort essaie toujours de justifier son pouvoir, il essaie de donner la forme du devoir à sa puissance. Ainsi, la force seule ne peut fonder le pouvoir politique. De plus, là où il y a soumission à la force, il ne peut y avoir de liberté. Je n'obéis pas à la force par choix, mais par nécessité. *A contrario*, le droit politique dit ce qui doit être et il demande à être reconnu. On y obéit par devoir et obligation, et cela suppose l'adhésion, on n'y obéit pas par la contrainte, qui, elle, ne nous laisse pas le choix. De la force ne peut donc naître le droit. Le contrat social ne peut avoir pour origine la force, c'est une contradiction dans les termes.

De même, l'autorité politique ne peut avoir comme modèle et fondement l'autorité paternelle, comme le défendaient les partisans de l'absolutisme de droit divin. Pour Rousseau, cette autorité naturelle est temporaire et bienveillante, elle ne dure que tant qu'il est besoin et ne perdure que par un accord.

Enfin, les jurisconsultes, comme Grotius et Pufendorf, affirmaient que l'autorité politique pouvait être issue du droit d'esclavage, d'où l'idée d'un contrat comme pacte de soumission. Or, pour Rousseau, un contrat suppose des obligations mutuelles, non pas un engagement unilatéral comme c'est le cas dans la soumission. De plus, les termes *droit* et *esclavage* sont eux aussi antinomiques.

Pour Rousseau donc, il ne peut y avoir de fondement naturel au droit politique, au sens où il ne peut s'appuyer sur une autorité naturelle, qu'elle soit liée à la force, à l'autorité paternelle ou à une condition initiale. Le droit est toujours issu d'une convention : « Puisqu'aucun homme n'a une autorité naturelle sur son semblable, et puisque la force ne produit aucun droit, restent donc les conventions pour base de toute autorité légitime parmi les hommes. » (*CS*, L. I, chap. IV, p. 355.) Le droit naturel ne peut régir l'ordre politique, c'est de l'ordre civil qu'il faut tirer les principes du droit politique. Aussi, la liberté civile n'est-elle possible qu'à travers l'ordre politique, à travers le pacte d'association, qui fait que chacun se donnant à tous ne se donne à personne.

En effet, selon Rousseau, le but de l'État est de résoudre le problème de la coexistence des libertés. Mais dans l'État, la réciprocité entre individus ne suffit pas, la loi doit valoir pour tous. Le pacte social est un engagement envers un tout dont on fait partie, chacun s'engage vis-à-vis de tous, y compris de soi-même. C'est pourquoi l'ordre politique doit être le résultat d'un accord de tous les sujets. Il s'agit alors de « trouver une forme d'association qui défende et protège de toute la force commune, la personne et les biens de chaque associé et par laquelle chacun s'unissant à tous n'obéisse pourtant qu'à lui-même et reste aussi libre qu'auparavant » (*CS*, L. I, chap. VI, p. 360). En effet : « Chacun se donnant tout entier, la condition est la même pour tous, et la condition étant égale pour tous, nul n'a intérêt à la rendre onéreuse aux autres. » (*CS*, L. I, chap. VI, p. 361.) Ainsi, l'égalité et la réciprocité éliminent toute dépendance particulière et arbitraire. En se mettant au service de tous, on ne se soumet à aucun individu particulier, et c'est la même chose pour tout le monde : « Chacun se donnant à tous ne se donne à personne. » (*loc. cit.*)

Dans le second *Discours*, Rousseau avait montré que l'homme possédait deux caractéristiques spécifiques : la perfectibilité et la liberté. C'est pourquoi la seule forme de gouvernement légitime, pour Rousseau, est la démocratie qui affirme deux principes : la souveraineté du peuple et la liberté individuelle selon laquelle un homme ne peut obéir à un autre homme, mais seulement à des lois qu'il se prescrit par l'intermédiaire de ses représentants. Ainsi, pour Rousseau, la liberté constitue la raison essentielle de l'État et l'égalité est condition de la liberté. En cela, il s'oppose à l'État de Hobbes qui, au fond, repose sur la force et l'arbitraire du despote, qui ne garantit pas la liberté, mais reproduit plutôt, en tout cas d'après Rousseau, l'état de nature hobbesien.

Aussi, renonçant à une liberté illimitée illusoire, ou liberté naturelle, ou indépendance, chacun gagne une liberté effective : la liberté civile, guidée par la raison. Certes, cette liberté est limitée, mais réelle, et constitue d'ailleurs la seule liberté possible, que l'on appelle aussi l'autonomie : le fait de n'obéir qu'à soi-même, en agissant conformément à la raison. Pour Rousseau, la garantie de la sécurité par le contrat social n'est pas suffisante si elle n'est pas accompagnée de la liberté. Comme il le dit (*CS*, L. I, chap. IV), on vit tranquille aussi dans les cachots. De plus, renoncer à sa liberté, comme le préconise Hobbes, puisqu'il s'agit de la remettre à un souverain absolu, c'est renoncer à sa qualité d'homme. Rousseau peut alors en tirer la conséquence qu'être libre dans l'État revient à obéir aux lois, lois énoncées par la volonté générale, c'est-à-dire à soi-même.

Mais qu'est-ce que cette volonté générale dont nous parle Rousseau ? Ce concept a souvent été mal compris. La volonté générale, ce n'est pas l'unanimité, même si Rousseau la préconise pour les lois constitutionnelles. Ce n'est même pas celle de la majorité. C'est celle qui est éclairée par la raison, ce que toute volonté raisonnable devrait vouloir, c'est celle qui veut le bien commun, le bien de tous, contre tous les intérêts particuliers. De fait, ma volonté particulière peut être en opposition avec la volonté générale : payer des impôts va à l'encontre de mon intérêt immédiat, je peux penser que ce n'est pas très grave si je fraude. Mais la raison peut m'éclairer et me permettre de dépasser mon intérêt particulier et comprendre l'intérêt général, qui est aussi mon intérêt à plus long terme, certes moins immédiat, mais plus durable, plus certain. Or pour Rousseau, c'est le peuple qui est souverain et qui énonce la volonté générale sous forme de lois, c'est-à-dire qui fait les lois. Rousseau, si nous devons encore souligner sa pensée révolutionnaire, est l'un des premiers penseurs à refuser la souveraineté aux rois. Ainsi, les lois sont raisonnables lorsqu'elles sont valables pour toute raison, et elles sont justes si elles s'appliquent à tous. Chacun doit se soumettre nécessairement aux conditions qu'il impose aux autres, c'est ce qui permet l'équité. C'est alors l'émergence de l'État de droit.

Le pacte social est ainsi le garant de la liberté, de l'autonomie de chacun, ainsi que de l'égalité, et nous protège de l'arbitraire. Les lois étant le fruit de la souveraineté, donc de ma volonté éclairée par la raison et qui se comprend comme volonté, en obéissant aux lois, je ne fais qu'obéir à moi-même : « L'obéissance à la loi qu'on s'est prescrite est liberté. » (*CS*, L. I, chap. VIII, p. 365.) Quelle plus belle définition de la liberté peut-on donner ? Obéir volontairement aux lois, c'est être libre dans l'État, car la volonté est la volonté du peuple qui vote ces lois. D'où cette fameuse expression : « Il n'y a pas de liberté sans lois » (*Lettres écrites de la montagne*, p. 842), de liberté civile s'entend, laquelle ne consiste pas à suivre son caprice (par exemple, si je m'arrête au feu rouge, je peux considérer que ma liberté immédiate est entravée, en tout cas mon désir de puissance, mais, si je réfléchis un peu, je peux comprendre que l'accord pris vis-à-vis du feu rouge me préserve du hasard et de l'arbitraire). De plus, quelqu'un qui agit

sans loi n'agit pas vraiment lui-même, mais c'est la nature qui, en lui, agit. De même, quelqu'un qui agit sous la loi d'un autre est esclave. Seul est libre celui qui agit sous sa propre loi.

L'État rousseauiste est ainsi une république, dans laquelle chacun est partie prenante. Cela suppose, et on est en plein dans les Lumières, l'éducation, qui permet de comprendre que l'intérêt privé dépend forcément de l'intérêt commun. La pensée de Rousseau n'est compréhensible qu'à partir de ce postulat. On peut ainsi comprendre l'expression « on le forcera d'être libre » (*CS*, L. I, chap. VII, p. 364), car « on veut toujours son bien, mais on ne le voit pas toujours » (*CS*, L. II, chap. III, p. 371). La recherche du savoir apparaît comme une obligation. En tant qu'homme, je me dois de vouloir connaître, c'est ma « finalité » d'être humain, ce qui fait ma dignité. Ou alors, je ne peux que me taire et accepter. Aussi, contraindre un homme à obéir à la volonté générale, c'est finalement le soumettre à sa propre raison. Il s'agit bien entendu ici de liberté politique. On peut voir cela avec les lois et les sanctions : si je commets un acte délictueux, la loi m'oblige à l'assumer, à être responsable, donc libre. La justice ne peut de toute façon fonctionner et avoir un sens que si elle reconnaît notre liberté.

Rousseau va plus loin encore, en montrant que de l'obéissance aux lois civiles résulte la liberté morale. En effet, la liberté civile peut faire de l'homme un être moral, juste et maître de lui-même, en lui permettant de reconnaître l'intérêt général, c'est-à-dire en étant capable de penser l'universalisation de son action. Pour Rousseau, c'est la politique qui détermine la morale, celle-ci n'est pas première. C'est donc au sein de la société civile que l'être humain peut développer toutes les facultés qui le font homme (raison, morale, conscience...). Dans le même temps, cela signifie que les hommes sont responsables de la société qu'ils font, laquelle ne doit exister que pour leur bien.

Le contrat social représente la première théorie moderne du fondement de l'État en affirmant que les sociétés civiles ont pour origine un contrat, même si ce contrat en tant que tel est une fiction, et en affirmant que l'autorité politique est issue d'une convention, donc dégagée d'une autorité divine. Pour Rousseau, il s'agissait d'élucider le passage à la société civile et il a montré que c'est l'utilité commune qui a assuré ce passage. Les hommes, ayant de plus en plus de relations entre eux, donc plus de sources de conflits, dues au développement des différentes passions, ont dû instaurer par convention une autorité qui les départagerait, afin d'assurer une paix relative. De plus, c'est le pacte social qui donne une légitimité à cette autorité et à l'obligation de lui obéir. L'obéissance à l'autorité politique est donc le fruit d'une décision volontaire, non le résultat d'une quelconque « condition » naturelle. Cela implique que le fondement de l'autorité se trouve dans l'individu, d'où le développement des droits de l'individu et la Déclaration des droits de l'homme, dont le premier article affirme que les hommes naissent libres et égaux en droits. Cela signifie aussi, au passage, que cette Déclaration des droits de l'homme repose sur une convention, puisque liberté et égalité ne peuvent être garanties que dans l'État. On peut noter également que cette Déclaration s'inspire en grande partie du *Contrat social*.

Enfin, avec sa théorie du contrat social, Rousseau montre que celui-ci est œuvre de la raison et nous donne le statut d'homme digne et libre. Toutefois, avec Rousseau, nous sommes dans l'ordre de ce qui doit être. La réflexion de Rousseau est normative. On peut lui reprocher ainsi d'être trop abstrait, de ne pas prendre en compte suffisamment la réalité de ce que nous sommes. Et de fait, nous avons réussi à constituer des démocraties, mais ces dernières ne ressemblent-elles pas à une somme d'individus mus par leur intérêt particulier et qui se rassemblent pour justement préserver ces intérêts particuliers ? Certes, avec la démocratie, l'individu est reconnu comme sujet (au sens de la philosophie du sujet amorcée avec Descartes) capable de construire l'ordre politique, puisqu'il est pensé comme autonome. Mais en parallèle, c'est la possibilité offerte de développer l'individualisme au sens péjoratif du terme. L'État garantit mes droits, je lui délègue ce pouvoir. Mais cette délégation, à terme, provoque un désintérêt pour la chose publique. Or, la position de l'individu comme sujet absolu est justement ce qui va mener à la perte de l'autonomie : je suis indépendant sur le plan privé et pris en charge sur le plan public. Aussi, le contrat social nous délivre d'une autorité divine ou naturelle, mais ne contient-il pas en germe ce développement de l'individualisme qui retourne en son contraire le but recherché ? Ainsi, n'a-t-on pas l'impression, comme d'ailleurs Rousseau lui-même le remarquait, de vivre à l'état social cet état de nature de Hobbes, où chacun cherche à l'emporter sur les autres, uniquement par l'usage de sa puissance ? Comment expliquer ce résultat ? On a parfois reproché à Rousseau de considérer l'homme naturel comme un être débonnaire corrompu par la vie en société. Mais en réalité, Rousseau décrit l'homme naturel comme étant neutre, ni bon ni mauvais. Une fois en société, il se corrompt. Cette corruption peut s'expliquer par les diverses passions qui vont animer les hommes, mais aussi par ce premier pacte d'association spécieux qui a rendu les hommes encore plus mauvais. Vouloir tout refonder, comme veut le faire Rousseau, est très courageux. Il refuse de légitimer l'état existant et propose un nouveau pacte. On a pu croire que, avec la Révolution française et la mise en place de la république, on allait y parvenir. Pourtant, cela n'a pas été le cas, et nous pouvons penser que nous sommes rendus aujourd'hui à une situation similaire à celle de la veille de la révolution. En effet, les élites politiques n'entendent plus les électeurs, qui semblent ne rien comprendre à rien. Si le peuple n'est pas en mesure de comprendre et d'adhérer aux propositions politiques, on les lui impose. On sent déjà les prémices de cet autoritarisme : quand le peuple vote mal, on le fait revoter. On inverse l'effet et la cause et l'on prend complètement le contre-pied de Rousseau : comme le peuple vote « mal », on l'empêche de voter. Alors qu'il faut éduquer le peuple pour qu'il puisse avoir un vote éclairé et qu'il puisse vouloir la volonté générale, à moins justement que l'on ne souhaite pas qu'il ait un vote éclairé.

Rousseau avait envisagé le problème. La même année où il publie le *Contrat social*, il publie aussi *Émile ou De l'éducation*. Une fois de plus, on ne peut que noter la pensée conséquente de Rousseau. Rousseau est loin d'être naïf et a compris qu'il faut éduquer les citoyens, en faire des hommes éclairés, donc libres, et non des esclaves.

5. *Émile ou De l'éducation* (1762)

Toute sa vie, Rousseau a éprouvé le remords de l'abandon de ses cinq enfants. *Émile ou De l'éducation* est peut-être une façon pour lui de se racheter un peu.

Il commence ainsi par affirmer que depuis toujours on considère comme mauvaise l'éducation donnée aux enfants, sans que personne n'en propose une meilleure. L'éducation, qui est « la première de toutes les utilités, qui est l'art de former des hommes, est encore oubliée » (*E*, préface, p. 241). Il pose un premier principe : « considérer ce que les enfants sont en état d'apprendre » (*ibid.*, p. 242), ne pas vouloir voir déjà l'homme en l'enfant. Il propose donc une méthode qui ne rectifie pas l'ancienne, mais qui est radicalement nouvelle et pourra profiter

à tout le genre humain, rien de moins. Colmater les
« brèches » ne permettra pas d'améliorer la situation.

Rousseau distingue deux types d'éducation :
l'une vise à éduquer l'homme et à respecter en lui
la nature, comme il le fera avec Émile, et l'autre a
pour but de faire de l'homme un citoyen, la partie
d'un tout au service du tout. La première est une
éducation domestique pour devenir homme, la
seconde est une éducation publique pour s'ac-
complir en tant qu'homme. La seconde suppose la
première. Il faut donc d'abord apprendre à vivre, à
devenir homme : « notre véritable étude est celle de
la condition humaine » (*E*, L. I, p. 252) et « il n'y a
qu'une science à enseigner aux enfants ; c'est celle
des devoirs de l'homme » (*E*, L. I, p. 266). Il s'agit
de conserver l'enfance, d'empêcher que la dénaturation ne s'enclenche. Il faut conserver l'homme
comme il est né : libre et égal à un autre homme.
On remarque à nouveau que Rousseau ne sépare
jamais morale et politique, on ne peut vivre bien
ensemble sans avoir une idée de ce que doit être
l'homme : « ceux qui voudront traiter séparément
la politique et la morale n'entendront jamais rien

à aucune des deux » (*E*, L. IV, p. 524). Une notion essentielle revient régulièrement dans le mode d'éducation prôné par Rousseau : s'il faut écouter les enfants, il ne faut jamais suivre leurs caprices. En effet, les enfants ont besoin d'aide pour s'humaniser, mais ils comprennent très vite qu'ils peuvent se faire servir. Par cette analyse, Rousseau met en évidence un des rouages de la domination : habituer les enfants à être à leur service et à suppléer à leur faiblesse. La volonté de dominer n'est pas inscrite dans la nature mais se développe au travers de l'éducation que l'on donne aux enfants : « il ne faut pas une longue expérience pour sentir combien il est agréable d'agir par les mains d'autrui, et de n'avoir besoin que de remuer la langue pour faire mouvoir l'univers » (*E*, L. I, p. 289). Les inégalités ne sont décidément pas naturelles, mais provoquées par les hommes.

Dans les livres I à III, Rousseau va évoquer le développement à la fois physique et intellectuel de l'enfant, jusqu'à ses 15 ans. Le livre IV marque un tournant avec la puberté : « Nous naissons pour ainsi dire en deux fois : l'une pour exister et l'autre pour vivre, l'une pour l'espèce, et l'autre pour le sexe. »

(*E*, L. IV, p. 489.) La fin du livre V peut être considérée comme un résumé du *Contrat social*, qu'il écrit d'ailleurs en même temps. C'est donc sur le livre IV que nous allons nous attarder.

Autant, jusqu'alors, il s'agissait de faire un homme pour lui-même, autant apparaît maintenant la question morale et sociale, la question du rapport à l'autre. Comment passer de la sensibilité individuelle aux sentiments sociaux et aux valeurs morales et politiques, sans dénaturer l'homme ? Comment (ré)concilier le sentiment et la raison ? Comment faire un homme libre ?

L'adolescence est le moment où le désir émerge, sans être encore totalement conscient de lui-même. Pour Rousseau, il ne s'agit pas de nier le désir, mais de ruser avec lui afin de l'orienter vers le bonheur et la morale. C'est dans l'expansion naturelle du désir, dans l'amour de soi donc, que se trouve la source du rapport moral à autrui, comme c'est dans la pitié que se trouve la source de la justice. Pour rappel, dans le second *Discours*, Rousseau affirmait que l'amour de soi et la pitié sont les deux sentiments qui préexistent à la raison. En effet, l'amour de soi est « la source de nos passions, l'origine et le principe de toutes les autres », il est naturellement bon puisqu'il vise à la survie de l'individu et il peut se modifier en attachement envers celui ou celle qui justement s'occupe de lui, « qui le conserve ». On peut noter ici la fine analyse psychologique de Rousseau.

Mélanie Klein (psychanalyste anglaise) effectue un peu le même chemin pour expliquer l'apparition du sentiment moral, qui naîtrait du sentiment de gratitude envers l'autre, celui qui se préoccupe de la conservation de notre vie. Toutefois, la nécessité d'être aimé (pour grandir, pour s'humaniser) se transforme en désir d'être aimé. L'amour propre remplace ainsi l'amour de soi, et toutes les passions « néfastes », comparaisons et rivalités, peuvent alors se développer. Pour éviter cet engrenage, il ne faut rien dissimuler au presque adulte, afin d'éviter le travail de son imagination, et de régler ses sentiments sur la connaissance de l'homme, afin qu'il ne soit pas déçu par le monde extérieur. Tout d'abord, il faut donc développer la pitié, laquelle pourra se transformer ensuite en justice, c'est-à-dire en sentiment moral, en la capacité de se mettre à la place d'autrui sans nier la sienne, sans cesser d'être soi, sans envier

la place de l'autre. Les vertus ont ainsi un fondement affectif, non un fondement rationnel. L'éducation morale doit permettre d'éduquer le jugement moral, tout en ne détournant pas Émile des hommes, mais en le dissuadant de leur ressembler, eux qui peuvent « se changer en bêtes féroces pour n'avoir pas su se contenter d'être hommes » (*E*, L. IV, p. 532). Rousseau a en horreur le paraître, le semblant, l'hypocrisie qu'a développés la vie sociale en mettant fin à la bienveillance spontanée de l'homme. De la même façon, l'amour de soi transformé en amour-propre doit être mis au service de la morale, non pas en prenant la place d'autrui mais en valorisant la sienne. En faisant une affaire d'honneur de la prise en charge de la souffrance et de l'intérêt d'autrui, on passe de la pitié comme simple recherche du bonheur individuel (pour s'éviter à soi-même la souffrance) à l'équité et à la justice, à l'amour du genre humain. La contradiction homme/citoyen, évoquée plus haut, se trouve alors en passe d'être résolue. L'éthique de Rousseau ne s'appuie pas seulement sur la bonté naturelle, comme elle ne transforme pas des tendances d'abord immorales en vertus. Le sentiment est premier, mais il s'adjoint la raison et le jugement par l'éducation. Rousseau cherche à préserver les droits de la raison contre la superstition et la simple sensation. C'est pourquoi les institutions politiques ne doivent pas imposer des croyances religieuses contraires à la morale et qui substituent l'imagination à la raison. C'est ce que va développer ce que l'on a coutume d'appeler « la profession de foi du vicaire savoyard ».

On peut diviser celle-ci en deux parties. La première retrace la découverte de la conscience, pensée comme principe interne d'unité avec soi-même, avec la raison et autrui ; la seconde examine la religion révélée du point de vue de la « religion naturelle ». Ainsi le vicaire oblige Émile à se poser la question de l'origine du mal et celle de la possibilité du bonheur, mettant en évidence le sujet, non pas comme source du vrai, mais comme source du désir du vrai en même temps que comme critère du vrai. Le vicaire a été poussé à s'interroger à la fois parce que l'action pose la question du choix, notamment entre le bien et le mal, et parce que les religions imposent de croire même des absurdités. Rousseau lie ainsi sentiment et raison, pratique et théorie : la vérité dépend de l'affirmation du sujet tout en s'imposant en même temps elle-même. Il prend appui sur le sujet cartésien, le « je » universel de la recherche du vrai, tout en refusant la réduction du sujet à la raison et à la conscience solipsiste : ce n'est pas seul que je peux espérer atteindre le vrai. La conscience ne peut s'objectiver, c'est-à-dire se mettre elle-même à distance d'elle-même. Le jugement, en l'occurrence jugement du vrai, suppose toujours l'extériorisation pour devenir effectif, il suppose donc l'altérité, et non simplement la conscience tournée sur elle-même. De plus, c'est dans son rapport à la nature et aux autres, rapport qui passe d'abord par la sensation, que le sujet s'atteint lui-même et peut espérer atteindre le vrai. En associant raison et sensation, Rousseau permet d'éviter la séparation entre le sujet et l'objet externe, ce qui lui permet de comparer ses sensations entre elles et avec la réalité extérieure, et qui lui permet par analogie de comprendre qu'une volonté meut le corps propre, comme une volonté met en mouvement le monde, et donc de connaître la réalité de Dieu par cette analogie. Rousseau peut en tirer les deux premiers articles de foi du vicaire : une volonté meut l'univers et anime la nature ; de plus, la nature mise en mouvement selon certaines lois me montre une intelligence. Ainsi, la nature est mue par une intelligence supérieure et je peux comprendre cette idée à partir de mon expérience propre. Les lois morales, biologiques et mécaniques se trouvent donc sur le même plan et Dieu est connu à la fois par son acte et par sa fonction. L'entendement divin est alors conçu non pas comme le lieu des vérités éternelles, ni seulement comme condition de l'ordre général et idéal, comme nous l'affirment les religions révélées, mais comme acte de la synthèse de tout le réel comme tel. La nature nous dicte alors l'amour de Dieu, puisque à l'origine de tout ce qui est, et l'amour de soi (c'est-à-dire la conservation de soi) nous commande d'honorer ce qui nous protège.

Rousseau affirme également la liberté de l'homme, puisqu'il peut juger ses actes, pas seulement subir ses passions, et c'est cette liberté qui atteste de la conscience : « L'homme est donc libre de ses actions, et comme tel animé d'une substance immatérielle, c'est mon troisième article de foi. » (*E*, L. IV, p. 587.) Cela permet à Rousseau de soutenir que c'est la seule soumission aux passions qui permet d'expliquer le mal, seule la liberté peut s'y opposer, mais cette liberté n'est pas purement rationnelle, elle est aussi sensible. L'homme est donc responsable du mal. En effet, celui-ci n'est pas dans les passions, mais dans la soumission libre de la raison aux passions, lesquelles sont des contradictions introduites dans l'homme par le développement social et historique et à l'origine des inégalités, qui peuvent aussi être combattues grâce à la liberté du sujet, capable de juger et de ressentir la justice, et donc l'injustice. La conscience est donc d'abord issue du sentiment de l'amour de soi et de la pitié, laquelle nous tourne vers autrui, et nous fait passer de notre bien au bien en général et à la justice, d'où la célèbre formule : « Conscience ! Conscience ! Instinct divin, immortelle et céleste voix ; guide assuré d'un être ignorant et borné, mais intelligent et libre ; juge infaillible du bien et du mal, qui rend l'homme semblable à Dieu, c'est toi qui fais l'excellence de sa nature et la moralité de ses actions ; sans toi je ne sens rien qui m'élève au-dessus des bêtes, que le triste privilège de m'égarer d'erreurs en erreurs à l'aide d'un entendement sans règle et d'une raison sans principe. » (*E*, L. IV, p. 600.) Mais la connaissance du bien suppose la raison, la représentation et le jugement, lesquels permettent d'assurer les principes moraux qui fondent le bonheur : « Toute la moralité de nos actions est dans le jugement que nous en portons nous-mêmes. » (*E*, L. IV, p. 595.)

Le vicaire affirme ainsi l'autonomie de la condition humaine. Cela va l'amener alors à critiquer sévèrement les religions révélées, opposées justement à la religion naturelle, et il va défendre la tolérance. Celles-là s'intercalent entre l'homme et Dieu en développant des dogmes obscurs et préfèrent « l'inspiration » au débat argumentatif avec autrui, alors que la raison seule est la marque du contact avec la vérité. De plus, si l'on avait écouté uniquement ce que Dieu dit au cœur des hommes, il n'y aurait qu'une seule religion. Exiger la soumission de la raison, c'est outrager son auteur, c'est pourquoi « nul n'est exempt du premier devoir de l'homme, nul n'a le droit de se fier au jugement d'autrui » (*E*, L. IV, p. 623). Les vrais devoirs de la religion sont indépendants des institutions des hommes, et donc des religions révélées. Ce sont ceux de la morale, dont le premier principe est le culte intérieur, celui du cœur. Ainsi, la religion de Rousseau repose sur la liberté de conscience.

Rousseau récuse donc la religion révélée, source de superstition. S'il défend l'idée d'une religion civile, il faut plus l'entendre au sens d'une morale, c'est-à-dire des règles et des devoirs que l'on doit suivre si l'on veut pouvoir bien vivre ensemble. C'est la politique qui détermine la morale, politique et morale que Rousseau ne sépare d'ailleurs pas, comme nous avons déjà eu l'occasion de le souligner. La croyance religieuse, entendue ici comme « espoir du juste », permet d'éclairer la contradiction interne à l'humanité entre la nature et l'histoire, entre le sentiment et la raison, entre l'amour-propre, ou intérêt personnel, et l'amour de l'humanité, ou justice.

Après le développement de la raison théorique, Émile doit accéder à la raison sur le plan pratique, afin de se soumettre librement à la raison et de devenir autonome, but ultime de l'éducation. Rousseau essaie de concilier raison et passion, refuse de les séparer et de s'en remettre à la seule raison : « Une des erreurs de notre âge est d'employer la raison trop nue, comme si les hommes n'étaient qu'esprit. » (*E*, L. IV, p. 645.) Mais pour autant, Émile passe un contrat avec son éducateur : « empêchez-moi d'être leur esclave [des passions], et forcez-moi d'être mon propre maître en n'obéissant point à mes sens, mais à ma raison » (*E*, L. IV, p. 652), phrase qui fait écho à celle du *Contrat social* : « On pourrait sur ce qui précède ajouter à l'acquis de l'état civil la liberté morale, qui seule rend l'homme vraiment maître de lui ; car l'impulsion du seul appétit est esclavage, et l'obéissance à la loi qu'on s'est prescrite est liberté. » (E, L. I, chap. VIII, p. 365.) Par ce contrat entre Émile et son éducateur, Rousseau transpose la loi naturelle en loi morale et politique. C'est pourquoi *Émile* se termine par un « résumé » du *Contrat social*, car, après avoir réfléchi à « ses rapports moraux avec les autres hommes, il lui reste à se considérer par ses rapports civils avec ses concitoyens » (*E*, L. V, p. 853). Pour cela, il lui faut voyager et réfléchir sur les différentes formes de gouvernement, afin de reconnaître celle qui lui convient.

Ainsi, la boucle est bouclée : Rousseau a mis en évidence les conditions de la réalisation d'une vie humaine digne et orientée vers le bonheur. Morale et politique sont indissociables pour la régénérescence du corps politique. S'il paraît que, dans le *Contrat social*, Rousseau fait dépendre la morale de la politique, et, dans *Émile*, la politique de la morale, c'est parce que celles-ci se situent toutes deux dans un rapport dialectique et se conditionnent réciproquement.

Conclusion

Rousseau, philosophe des Lumières ? À la fois oui et non. Non, car il rejette la culture humaniste et dénonce l'idée de progrès comme source de la corruption de l'homme. Mais oui, car il n'a d'autre visée que l'émancipation humaine de tous les pouvoirs, quels qu'ils soient.

Rousseau révolutionnaire ? Sans doute, même s'il affirme dans le second *Discours* qu'il faut empêcher les révolutions. Robespierre, à qui l'on a reproché tellement de choses, et en particulier la Terreur, ne se rendait jamais, dit-on, à l'Assemblée sans *Du contrat social* en poche. Dans beaucoup des choses qu'ont essayé d'instaurer les révolutionnaires, on retrouve cette volonté de rendre à l'individu sa liberté, y compris parfois contre son désir. Peut-être cette phrase, « on les forcera à être libres », a-t-elle été sur-interprétée par les révolutionnaires, mais il n'en reste pas moins qu'ils la tirent du *Contrat social.*

Alors, certes, Rousseau est un idéaliste. Mais c'est un idéaliste qui nous élève au-dessus de nous-mêmes. Certes, être libre, obéir à la raison ne nous est pas naturellement donné. Mais c'est un possible qui nous est ouvert, et qui ne peut passer que par l'éducation : transmission des savoirs, exercice de l'esprit critique, donc par les Lumières. Nous cantonner dans l'ignorance, c'est nous contraindre à la servitude. Il n'est pas utile pour la loi du marché que nous soyons éclairés, il suffit que nous puissions consommer. Pour que la démocratie soit effective, et non pas uniquement une parodie, une réelle connaissance est nécessaire, sinon c'est la porte ouverte à toutes les manipulations possibles et à toutes les nouvelles barbaries.

Table des matières

Introduction : Rousseau,
un penseur révolutionnaire 7
Chapitre 1 : Une personnalité fantasque,
et pourtant si profonde 9
Chapitre 2 : *Discours sur les sciences
et les arts* (1750) 27
Chapitre 3 : *Discours sur l'origine
et les fondements de l'inégalité
parmi les hommes* (1755) 43
Chapitre 4 : *Du contrat social* (1762) 65
Chapitre 5 : *Émile ou De l'éducation* (1762) 87
Conclusion 103

Composition :
L'atelier des glyphes